L'aventure Imprévue

Contributing Authors

St. Theresa Catholic Elementary School - Callander, ON

Mme. Jennifer Marengere's Grade 3 Class:

Max Baldwin	Benjamin Buchanan
Avery Byers	Dominic Carriere
Patience Chadbourn	Dakota Cherry
Kayleigh Cherry	Chloe Cook
Olivia Dukovac	Mylee Evans
Lily Gurini	Hailie Hughes
Hayden Larocque	Leah Lefebvre
Aleigha Money-Smith	Avarie Sauve
Eva Simpson	Ben Tarrant
Emerson Tignanelli	Roman Tignanelli
Ronan Turgeon	

Contributing Authors

St. Theresa Catholic Elementary School - Callander, ON

Mme. Joanne Zettler's Grade 6 Class:

Brooklyn Beath	Elliana Belanger
Hannah Brunton	Addyson Busch
Johnny Couch	Madelynn Coulombe
Logan Duchesne	Ethan Elsey
David Evans	Jenya Guillemette
Levanah Hill	Kyle Kraemer
Emma Long	Haley McCarthy
Ella Oschefski	Chiara Palmieri
Katie Rogers	Noah St. Jean

Contributing Authors

St. Theresa Catholic Elementary School - Callander, ON

Mme. Josee Daoust's Grade 4/5 Class:

Ben Brunton	Alicia Simpson
Keira Scott	Jackson Culin
Adam Campbell	Sydney Beath
Kaylee Lang	Alexandre Degagne
Sienna Storie	Georgia Glover
Noah Kozmick	Omar Kazi
Isabella Johnson	Olivia Palfi
Cameron Lockhart	Julia Courchesne
Bryn Read	Owan Heroux
Maddie M	Maeve Elsey
Miranda Baldwin	Daphne Gurini
Colin Kraemer	Morgan Brunet
Ryleigh Argue	

v

Contributing Authors

St. Theresa Catholic Elementary School - Callander, ON

Mme. Romie Chartrand-Fiorino's Grade 3/4 Class:

Payton Bilodeau	Zoe Caven
Kaydence Chadbourn	Wesley Clouthier
Ava Corbeil	Emma Cullin
Drake Evans	Saoirse Fee
Erika Hewgill	Zion Hill
Owen LeBlanc	Cameron McGeachy
Ryan Nieman	Reagan Palfi
Emily Scott	Haley Sebasta
Audrey Shaughnessy	Ryder Smith
Juliette Sparks	Kolby Vanderschee
Keala Wright	

ACKNOWLEGMENTS

A very special thank you to all those who help make Write to Give happen. Each year, the program continues to grow and have a bigger impact on Canadian and international students. This would not happen, if it were not for the hard work of the teachers who have helped implement this program.

Thank you to our teachers, Jennifer Marengere's, Joanne Zettler, Josee Daoust and Romie Chartrand-Fiorino.

Thank you to my team of editors, designers and family who have helped with W2G 2018.

Thank you,

Amy McLaren

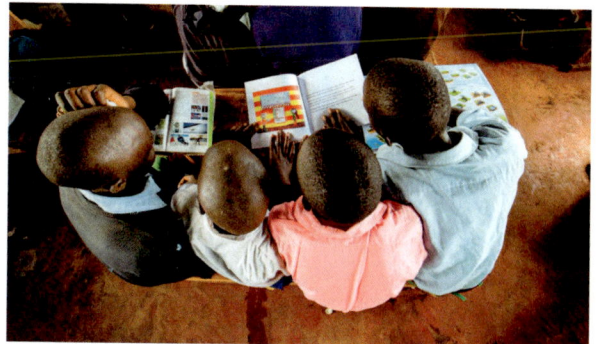

vii

L'aventure Imprévue

viii

C'était un jour normal. J'étais sur mon quai et je faisais la pêche. Je ne pouvais pas attraper un poisson, peut-être parce qu'il y avait trop de vent. Du brouillard commençait à rouler vers mes pieds et allait jusqu'à ma tête.

Le ciel devenait tout gris et nuageux. Tout était foncé et le vent devenait plus fort. Dans le lac, je voyais des vagues qui commençaient. À côté de moi, les feuilles volaient en cercles pendant que mon quai tremblait. Dans les maisons les lumières scintillaient.

Le vent devenait si fort que ma canne à pêche volait de mes mains. Soudainement, je voyais un tourbillon de vent qui approchait. Quelque chose frappait ma tête et tout était noir.

J'ouvrais mes yeux. Partout était les arbres tropicaux et c'était chaud et humide. Devant moi, j'entendais un bruit dans les feuilles et quelque chose respirait fort. Deux yeux jaunes me regardaient.

Je me levais et voyais les yeux qui voulaient attaquer! J'avais peur alors je courais extrêmement vite vers la jungle et retournais pour s'assurer que les yeux ne poursuivaient pas. Mais, ce n'était pas le cas. Je voyais un animal qui me chassait. Je ne remarquais pas la racine d'un arbre qui sortait dangereusement du sol.

Tout à coup, je ressentais mon pied qui s'attrapait dans la racine et je commençais à rouler! Tout c'était passé très vite et aussitôt, j'étais en train de tomber dans l'air.

Quand je devenais conscient, j'étais dans un puits. Je pensais que je ne pourrais jamais trouver de la nourriture ou de l'eau. Je savais que si je n'obtenais pas ses choses, je serais en danger! Immédiatement, je paniquais et j'essayais de grimper. Mais, je ne pouvais pas parce que j'avais une blessure à ma jambe. Soudainement, j'entendais une voix calme qui disait "N'essaie pas, il y a longtemps que je débattais pour sortir".

Je criais, car j'avais peur. Les yeux me regardaient et disaient, "Arrête de crier, je ne vais pas te faire mal". Les yeux appartenaient à un explorateur qui est tombé dans le puits quand il se faisait chasser par un animal. L'explorateur me regardait et disait: "As-tu une idée de comment on va sortir d'ici?" "Oui, mais j'ai fait mal à ma jambe donc je ne peux pas grimper".

L'explorateur m'aidait à sortir du puits en me poussant vers le ciel.

Quand j'étais sur le bord du puits, je commençais à passer des moyennes roches à l'explorateur et il construisait une échelle contre le mur pour être capable de sortir. L'explorateur avait un sac sur son dos avec une trousse de premier soin. En utilisant des bandages et des branches qu'il a trouvés par terre, l'explorateur réparait ma jambe. Nous avions faim donc on est parti à la recherche pour de la nourriture.

Pendant notre recherche pour de la nourriture, nous remarquions qu'il y avait des grosses traces de pieds dans le sable. L'explorateur pensait que c'était un "Grand Pied". Je commençais à trembler parce que j'avais peur des "Grands Pieds". Quand j'étais un petit garçon, mon grand frère me faisait peur avec ses histoires de "Grand Pied". Il me disait toujours que "Grand Pied" était pour venir me surprendre un jour. Soudainement, je sentais quelque chose me chatouiller la tête.

J'ouvrais mes yeux et je remarquais que ma petite soeur était au bord du quai près d'où je faisais la pêche. Il n'y avait pas de vent et il y avait un beau soleil qui brillait envers elle. Je remarquais qu'il y avait un gros poisson sur ma ligne à pêche. Je regardais autour de moi et je ne voyais pas l'explorateur. C'est à ce moment que j'ai réalisé que tout ce qui est arrivé était seulement un rêve!

WORLD TEACHER AID

World Teacher Aid is a Canadian charity committed to improving education throughout the developing world with a focus on IDP settlements (Internally Displaced Persons – communities that have been uprooted from their homes). Our current projects are within Kenya and Ghana.

As a charity we are committed to providing access to education for students within settled IDP Camps. We accomplish this vision through the renovation and/or construction of schools.

Before we begin working with a community, we ensure that they are on board with the goal. A community must be settled and show leadership before we commit to a project. We also look for commitment from the Government, ensuring that if we step in and build the school, that they will help support the ongoing expenses, such as teachers salaries, and more.

World Teacher Aid

AUTOGRAPHS

18

AUTOGRAPHS

Made in the USA
Lexington, KY
11 April 2018